CHAPITRE QUATRIÈME

Les raisons de croire

Pour ne pas interrompre notre étude sur la notion de la foi, nous nous sommes contenté de signaler les motifs de croire : raisons intérieures et preuves objectives. Il nous faut revenir maintenant sur ce sujet.

Les thomistes avaient bien reconnu le vrai caractère de l'apologétique. Gonet, par exemple, dans une digression pleine d'utilité et de charme, *utilis et jucunda* (1), nous présente un ensemble d'arguments qui n'ont pas vieilli et qui gardent toute leur valeur démonstrative en face même des exigences contemporaines. Nous allons à notre tour résumer à grands

(1) *Clypeus*, De objecto fidei, disp. I, art. VIII.

traits les principales preuves classiques. Ne faisant pas ici un traité de la démonstration
évangélique, nous ne donnerons qu'un aperçu
général, et nous renvoyons pour les développements à nos apologistes et à nos conférenciers.

I

L'ANTIQUITÉ DE NOTRE RELIGION

L'histoire démontre que le monothéisme a
précédé toutes les erreurs polythéistes (1) et
l'Église catholique toutes les hérésies, de même
que la vérité est toujours avant le mensonge.
Nous pouvons appliquer à notre religion ce
que le protestant Macaulay, dans son *Essai sur
l'Histoire des Papes*, écrivait de l'Église catholique. « Elle a vu le commencement de
tous les gouvernements ecclésiastiques qui
existent aujourd'hui dans le monde, et je ne
suis pas convaincu qu'elle ne soit pas destinée
à en voir la fin. Elle était grande et respectée
avant que les Francs eussent passé le Rhin,
quand l'éloquence grecque fleurissait encore à

(1) Voir VIGOUROUX, *La Bible et les découvertes*, tom. III.

Antioche ; quand on adorait encore les idoles dans le temple de la Mecque ; et elle conservera peut-être encore toute sa vigueur première lorsque je ne sais quel voyageur de la Nouvelle-Zélande viendra, au milieu d'une vaste solitude, se placer sur une arche brisée du pont de Londres, pour esquisser les ruines de Saint-Paul ».

Elle peut dire aux novateurs de toutes les époques : « Qui êtes-vous ? quand et d'où êtes-vous venus ? pourquoi agissez-vous en mon nom, vous qui n'êtes pas des miens ? La possession est à moi : je possède dès le commencement, je possède la première, et je remonte par une origine certaine jusqu'à ceux auxquels appartenait ce bien. Je suis l'héritière des Apôtres, je garde leur propriété de la manière qu'ils l'ont établi eux-mêmes dans leur testament et par un serment solennel.

« Quant à vous, ils vous ont déshérités, ils vous ont rejetés comme des étrangers et des ennemis » (1).

(1) Voir Tertullien, *De præscriptione*, cap. 37.

II

LE CARATÈRE DE VÉRITÉ ET DE SAINTETÉ QUE PRÉSENTE NOTRE RELIGION.

La doctrine catholique a un caractère de variété et de plénitude, de simplicité et de profondeur qui dépasse toutes les intuitions du génie et qui est la marque de la vérité. Nous avons déjà rappelé l'unité forte et souple de nos dogmes. Une étonnante sagesse éclate dans tout ce que le catholicisme nous apprend sur Dieu, sa nature, sa vie intime en lui-même, ses épanchements avec l'humanité par l'Incarnation et l'Eucharistie ; sur l'origine du monde, le problème de notre destinée et de notre fin dernière. Pour quiconque connaît la théologie de la chute originelle et de la réparation rédemptrice, l'homme avec ses incroyables antinomies, sa noblesse et sa corruption, ses aspirations sublimes et ses instincts pervers, n'est plus une énigme. Nous avons le dernier mot de la douleur, nous connaissons le prix d'une larme versée pour Dieu, la triple valeur

LA LUMIÈRE ET LA FOI. — 8.

expiatoire, méritoire, impétratoire, qui est dans la souffrance, nous comprenons qu'il n'est rien de plus beau ici-bas que la transfiguration du sacrifice et l'auréole du Golgotha. Notre foi peut seule adoucir la suprême agonie et faire savourer la mort comme un breuvage délicieux, seule consoler de l'absence des chers disparus, car elle nous les montre dans l'au-delà, et, à travers le nuage de nos larmes, elle nous fait entrevoir la lumière du jour qui ne finit pas. Avec une telle espérance on s'endort joyeux du sommeil léger qui attend l'aurore.

Elle établit la morale sur ses vrais fonde-ments, nous donne la vraie théorie de la liberté humaine, des vices et des vertus. Je comprends que le rationalisme en face de nos grandes syn-thèses se déclare impuissant. « Il y a un petit livre qu'on fait apprendre aux enfants, et sur lequel on les interroge à l'église : lisez ce petit livre, qui est le catéchisme ; vous y trouverez une solution de toutes les questions que j'ai posées, de toutes sans exception. Demandez au chrétien d'où vient l'espèce humaine, il le

sait ; où elle va, il le sait ; comment elle va,
il le sait. Demandez à ce pauvre enfant, qui de
sa vie n'y a songé, pourquoi il est ici-bas et
ce qu'il deviendra après sa mort, il vous fera
une réponse sublime... Origine du monde, origine de l'espèce, question de race, destinée de
l'homme en cette vie et en l'autre, rapport de
l'homme avec Dieu, devoirs de l'homme avec
ses semblables, droits de l'homme sur la création, il n'ignore rien ; et, quand il sera grand,
il n'hésitera pas davantage sur le droit naturel,
sur le droit politique, sur le droit des gens ;
car tout cela sort, tout cela découle avec clarté
et comme de soi-même du christianisme.
Voilà ce que j'appelle une grande religion : je
la reconnais à ce signe, qu'elle ne laisse sans
réponse aucune des questions qui intéressent
l'humanité » (1).

Une religion qui enseigne un décalogue si
pur, l'amour des ennemis, la sainteté du foyer
conjugal, qui nous donne sur l'Incarnation, la
grâce, la prédestination, la Trinité, des notions

(1) JOUFFROY, *Mélanges philosophiques*, p. 424

si élevées, est trop parfaite pour être une invention de l'esprit humain. Les légendes et les mythes sont ici impuissants, et l'effet est trop au-dessus de la cause. L'excellence même d'une telle conception est une preuve de son origine surnaturelle : le sublime et le divin ne s'inventent pas à si bon compte. Nous pouvons donc conclure avec un esprit célèbre : « La philosophie cherche la vérité, la théologie la trouve, notre religion la possède » (1).

La vérité appelle la sainteté, comme la lumière la chaleur. Or l'Église catholique est la sainteté elle-même rendue visible et pour ainsi dire incarnée. Elle enseigne la perfection par tous les moyens en son pouvoir. A notre arrivée en ce monde, elle nous marque et nous consacre : c'est sa prise de possession. Elle nous enlace comme d'un réseau divin, afin que toujours et partout nous soyons préservés de la corruption du siècle ; elle nous rappelle sans cesse que nous devons être immaculés, nous respecter comme la chose sainte du Seigneur,

(1) Pic de la Mirandole, apud Gonet, loc. cit.

et faire de notre vie tout entière une cérémonie qui doit honorer Dieu. Sa morale poursuit jusqu'à l'ombre du mal, son ascétisme proscrit la plus légère imperfection, sa mystique fait aspirer au suprême idéal.

La doctrine a prêché la sainteté, la liturgie et les sacrements sont là pour la produire, pour nous bénir à notre entrée dans la vie et dans les circonstances solennelles de la lutte, nous relever après la chute et nous consacrer contre la mort par une dernière onction. Le Christ a établi dans son Église une double école officielle de la sainteté : l'une pour sanctifier, le sacerdoce ; l'autre pour pratiquer la perfection, l'état religieux.

La hiérarchie est instituée pour la consommation des saints, c'est-à-dire la sanctification des fidèles : les ministres préparent, le prêtre illumine, l'évêque achève l'œuvre des parfaits. Ainsi, depuis le pontife jusqu'aux degrés les plus humbles, la hiérarchie fait circuler la sainteté dans toute l'Église, comme une sève féconde qui, descend et remonte tour à tour.

Les fidèles, hélas ! ne répondent pas tous à ces influences de la vie ; mais, malgré les défections et les scandales, l'Église a réalisé dans tous les temps et dans tous les pays un triple idéal : la sainteté commune par l'observation des commandements, la sainteté parfaite par la pratique des préceptes et des conseils, la sainteté héroïque par le culte de toutes les vertus poussé jusqu'au plus sublime degré (1). A toutes les époques, des chrétiens ont mérité les honneurs de la canonisation, et ils ont tous payé le tribut de l'héroïsme comme les martyrs avaient payé le tribut du sang.

Le passage d'un vrai catholique dans le monde est souvent même aux yeux des incrédules une apparition de la vertu, et saint Chrysostome a pu dire que la vie d'un chrétien modeste a plus d'efficacité pour convertir un

(1) Nous avons traité ce sujet dans le *Rosaire et la Sainteté*, troisième partie. — La sainteté s'appelle aussi la charité. Il est facile de prouver que la charité est le commandement nouveau que le paganisme n'avait pas soupçonné, l'œuvre divine que la philanthropie ne peut contrefaire : en un mot le signe de la vérité chrétienne. Voir l'ouvrage du R. P. GAFFRE O. P. *La loi d'Amour*.

païen que le spectacle du ciel et de la terre (1).

Ce pouvoir sanctifiant de notre religion est si manifeste qu'il a frappé certains esprits peu suspects de mysticisme. « A chaque défaut gros ou petit, mais réel, qu'un ami vous laisse apercevoir, vous pouvez dire : S'il n'avait pas ce défaut, que serait-il, sinon plus chrétien » ? (2)

Une considération particulièrement remarquable, qui a ramené à l'Église plus d'un incrédule, c'est que jamais le désir d'une vie plus sainte n'a fait abandonner la foi catholique. Ceux qui viennent à nous du schisme, de l'hérésie ou du rationalisme ont été d'ordinaire l'élite de leur parti : c'étaient des hommes intègres, respectés, dont l'âme vibrait à tout souffle d'idéal et tressaillait de toutes les nobles aspirations. Ceux qui passent de notre camp à l'hérésie ou à l'incrédulité sont souvent le rebut du catholicisme, des révoltés ou des corrompus qui veulent se mettre à l'aise avec leurs passions et que l'Église repousse de son sein,

(1) *Homilia de recta vita.*
(2) Sainte-Beuve.

comme l'Océan rejette sur ses bords les impuretés qui pourraient le souiller.

Les illustres convertis qui nous arrivent sont des généreux : ils conquièrent la foi au prix de réels sacrifices, doivent briser leur cœur ou compromettre leur avenir; ceux qui nous abandonnent sont des ambitieux, qui escomptent la récompense promise aux transfuges et auxquels la libre pensée prodigue fortune et honneurs.

Non, ce n'est point l'amour de la perfection qui éloigne de notre foi. C'est qu'on trouve le catholicisme trop austère, trop ennemi du vieil homme. Le Christ recruterait facilement des adorateurs, s'il voulait se montrer un peu plus commode, se rapetisser à la taille commune, respecter les passions ; on lui élèverait partout des temples, comme autrefois le paganisme lui offrait une place dans son panthéon, à la condition qu'il voulût bien ne pas détrôner les autres idoles. Mais, parce que le Christ est le Dieu intransigeant, parce qu'il contrarie la nature, c'est une preuve que sa religion ne vient pas de la nature. Non, il n'appartient pas à la nature de fonder une église sur le sacrifice, pas plus que la libre pensée n'est capable de faire une sœur de charité ou un missionnaire allant mourir pour les lépreux, comme le P. Damien.

Oui, c'est un signe évident de la divinité du catholicisme d'avoir pour défenseurs les hommes de bien et d'être persécuté par tous les ennemis de la vertu.

A ces caractères de vérité et de sainteté, ajoutons celui de la beauté. Il faudrait, à ce propos, décrire la majesté et les grâces de notre liturgie et de nos sacrements, faire connaître l'âme de nos saints, l'esthétique de nos dogmes : cette adorable Trinité, toujours vierge et toujours féconde, toujours ancienne et toujours nouvelle, la beauté première et le premier amour ; ce Verbe incarné qui abrite la splendeur divine sous le gracieux et le sublime de l'humanité ; cette Vierge Marie, mère de Dieu et mère du genre humain, qui donne son fruit tout en restant fleur, qui est la toute-puissance miséricordieuse, qui nous apparaît comme l'espérance, comme la véritable révélation de la beauté, comme le charme de Dieu (1)...

III

LA FORCE ET L'EFFICACITÉ DU CHRISTIANISME.

La religion de Jésus-Christ a opéré en quelques années et dans tout l'univers un changement intellectuel et moral que l'antiquité tout entière n'avait pas eu le courage d'essayer, même dans les écoles des philosophes. Nous n'avons pas à faire ici le tableau des mœurs païennes. On sait comment, sous le règne d'un Jupiter adultère, d'une Vénus impudique, d'un Mercure voleur, le vice devint un dieu, eut ses temples, ses autels et ses fêtes sacrées. Les honteux mystères d'Eleusine en Grèce, d'Isis en Égypte, d'Astarté en Phénicie, les Sacées à Babylone, les Saturnales et les Lupercales à Rome, abritaient sous le manteau de la religion

(1) Voir le P. MONSABRÉ, *Amen du sens esthétique*, conférences de 1890.

le libertinage le plus effronté. Les cultes voluptueux avaient germé sur ce fonds corrompu, semblables à ces plantes qu'on voit toujours prospérer sur des fanges.

Juvénal pouvait dire que « la luxure s'était abattue sur les Romains, plus redoutable que le glaive, et vengeait l'univers vaincu. Toutes les horreurs, toutes les monstruosités de la débauche leur étaient devenues familières... Vénus enivrée ne respectait plus rien » (1). Polybe complète ces détails avec la gravité et la précision de l'historien. « La plupart des Romains vivent dans un étrange dérèglement. Les jeunes gens se laissent entraîner aux plus honteux excès. On s'adonne aux spectacles, aux festins, aux profusions, au libertinage de tout genre » (2).

On ne vante que la stérilité, on ne veut même pas d'un fils unique (3). Auguste fut obligé de faire une loi contre les célibataires

(1) *Satir*. vi, v. 292-300.
(2) Histor. xxxii, 11.
(3) Plin. *Epist*, iv, 15.

et de les déclarer inhabiles à recevoir des hé-
ritages en dehors de leurs familles. « Rarement
la vie humaine fut en pareil mépris. Auguste
lui-même, par une inconséquence barbare,
défendit qu'on élevât un descendant de sa race
qui avait pour mère l'infâme Julie. Claude jeta
sa fille au coin d'une borne. Continuellement
on abandonnait les nouveau-nés, comme on le
fait encore en Chine et en Afrique ; à la mort
de Germanicus plusieurs citoyens exposèrent
leurs enfants venus au monde en ce jour né-
faste » (1).

Malgré d'honorables exceptions, la femme
était devenue, au dire de Sénèque, un être
ignorant, indomptable, incapable de gouverner
ses passions. Le mari pouvait faire graver sur
la tombe de l'épouse : Le jour de sa mort, j'ai
remercié les dieux et les hommes.

La jeune fille était une proie facile de la dé-
pravation. Si elle allait chaste aux jeux publics,
elle en revenait éhontée. Les statues et les

______

(1) FOUARD, *Saint Pierre*, chapitre seizième.

peintures partout étalées achevaient la leçon du vice.

Les scènes de l'intérieur n'étaient pas moins révoltantes. Sénèque nous montre des matrones prolongeant les veillées d'ivresse, faisant assaut de libations avec leurs compagnons de plaisir, comme eux vomissant pour boire encore (1). La conduite dans le mariage était déplorable. « Chez elles, dit encore Sénèque, la chasteté est marque de laideur », et le philosophe ajoute, avec quelque exagération peut-être, qu'il n'y a plus de fidélité conjugale et que les femmes comptent les années non par les consulats, mais par leurs époux (2).

L'esclavage fut une des plaies les plus honteuses du paganisme. A Rome, près d'un million d'hommes était serf ou prolétaire.

« Les cruautés exercées sur les esclaves font frémir ; un vase était-il brisé, ordre aussitôt de jeter dans les viviers le serviteur maladroit, dont le corps allait engraisser les murènes

(1) FOUARD, *Saint Pierre.*
(2) *De beneficiis,* III, 16.

favorites ornées d'anneaux et de colliers. Un maître fait tuer un esclave pour avoir percé un sanglier avec un épieu, sorte d'armes défendues à la servitude. Les esclaves malades étaient abandonnés ou assommés ; les esclaves laborieux passaient la nuit enchaînés dans des souterrains ; on leur distribuait un peu de sel, et ils ne recevaient l'air que par une étroite lucarne. Le possesseur d'un serf le pouvait condamner aux bêtes, le vendre aux gladiateurs, le forcer à des actions infâmes. Les Romains livraient aux traitements les plus cruels, pour la faute la plus légère, les femmes attachées à leur personne » (1).

Ajoutez encore la cruauté homicide d'un peuple qui se repaissait du spectacle du sang humain répandu. On vit sous Trajan, pendant des fêtes gigantesques qui durèrent cent-vingt trois jours, dix mille gladiateurs se battre et s'égorger mutuellement (2).

______

(1) CHATEAUBRIAND, *Etudes historiques*, étude v, 3ᵉ partie.

(2) DION CASS., 66.

C'étaient là les chères délices du Romain. « Tantôt c'étaient des gladiateurs et même des gladiatrices de famille noble, qui s'entre-tuaient pour le divertissement de la populace la plus abjecte, comme pour le plaisir de la société la plus raffinée ; tantôt c'étaient des prisonniers de guerre que l'on armait les uns contre les autres, et qui se massacraient au milieu des fêtes, la nuit, aux flambeaux, en présence de courtisanes toutes nues. On forçait des pères, des fils, des frères, de s'égorger mutuellement pour désennuyer un Néron, et, mieux encore, un Vespasien et un Titus !... Le retentissement des glaives, les mugissements des animaux, les gémissements des victimes, dont les entrailles étaient traînées sur un sable parfumé d'essence de safran ou d'eaux de senteur, ravissaient la foule... Les festins particuliers étaient rehaussés par le plaisir du sang : quand on s'était bien repu et qu'on approchait de l'ivresse, on appelait des gladiateurs ; la salle retentissait d'applaudissements lorsqu'un des deux assaillants était tué. Un Romain avait ordonné par testament de faire combattre aussi de belles femmes qu'il avait achetées, et un autre, de jeunes esclaves qu'il avait aimés » (1).

Si l'on prétend que les philosophes et les poètes étaient là pour réagir, l'histoire répond qu'ils ont approuvé l'esclavage, la pluralité ou la communauté des femmes, que la fornication leur paraissait chose indifférente, qu'ils accordaient au maître tout pouvoir sur le serviteur, et au père de famille droit de vie et de mort sur l'enfant, etc, etc. Et, d'ailleurs, ils ont succombé eux-mêmes aux vices les plus dégradants. L'ignominie de Sodome, après avoir corrompu la Grèce, vint déshonorer les Romains. « Les plus nobles esprits, Cicéron, Brutus, César, ont connu la plus hideuse des souillures ; des poètes délicats, Horace, Virgile, Tibulle, Catulle, en vantent les plaisirs monstrueux » (2). Saint Paul les a flétris d'un mot

(1) CHATEAUBRIAND. *loc. cit.*

(2) FOUARD, *Saint Pierre*, p. 396. Voir aussi DÖLLINGER. *Païens et Juifs.*

qui les marque comme d'un stigmate indélébile : Ils ont été livrés au *sens réprouvé* (1).

Aucun d'eux ne s'est élevé à l'idée de la création, ou du moins ils n'ont pas eu le courage de confesser solennellement le Dieu qu'ils avaient reconnu. Celui qu'on a osé appeler le saint du paganisme, le martyr de la vérité, le grand Socrate, est descendu sans rougir des hauteurs de la raison, et il n'a pas craint en mourant d'offrir un sacrifice à Esculape !

La pauvre humanité cherchait bien en vain un sauveur parmi ces sages : épuisée, haletante, elle poursuivait, sans pouvoir s'arrêter, sa marche, ou plutôt sa course, vers la mort.

Et voici que, à la prédication des Apôtres, une société nouvelle s'épanouit au soleil de Dieu. La chasteté et la virginité règnent non seulement dans les ténèbres des catacombes, mais au sein des grandes villes et jusque dans le palais des Césars ; la justice reparaît ; les hommes jadis féroces deviennent doux comme des agneaux ; les esclaves trouvent des égaux

(1) *Rom.*, i, 28.

et des frères ; la femme sort de son humiliation, le mariage est respecté : l'individu, la famille, la société sont entièrement restaurés. Tout ce qu'il y a d'exquis dans notre civilisation moderne nous vient de l'Évangile, et notre siècle ingrat s'abreuve malgré lui à la lumière du Christ. Ces merveilles se reproduisent chaque jour dans les pays infidèles à la voix de nos missionnaires. Cette influence du christianisme sur la vie humaine, sur la morale, est une preuve incontestable de son origine divine. Les esprits de bonne foi l'ont reconnu, et un célèbre romancier, après avoir vu la vérité, a rendu ce témoignage que « la religion n'est pas d'un côté et la vie humaine de l'autre » (1).

Il faudrait montrer comment le catholicisme est un bienfait social, ce qu'il a fait pour toutes les classes, comment il répond aux aspirations et aux besoins des sociétés. « Je n'ai trouvé que dans le catholicisme, avoue M. Brunetière, le frein et la satisfaction de mes instincts populaires et de mon idéal démocra-

(1) PAUL BOURGET, Préface de ses œuvres.

tique ; je n'ai trouvé que là la justification de
la devise républicaine à laquelle je continue de
croire : Liberté, Égalité, Fraternité, et dont
j'ai tâché de montrer que, si le fondement ne
s'en rencontrait que dans l'idée chrétienne, là
aussi et là seulement s'en pouvait rencontrer
la véritable interprétation » (1).

IV

LA MANIÈRE DONT LA FOI CHRÉTIENNE S'EST
PROPAGÉE DANS LE MONDE ENTIER.

Premier sujet d'admiration, la rapidité avec
laquelle s'opère la conversion des peuples. Les
deux premières prédications de Pierre amènent
au Christ huit mille personnes. Les conquêtes
des Apôtres sont comme celles de la lumière,
elles atteignent bien vite les extrémités du
monde ; aucun peuple ne se soustrait à cette
influence, de même qu'aucune partie du globe
n'échappe à la chaleur du soleil. Saint Paul
écrivait, sans crainte d'être contredit, que déjà

(1) Discours prononcé à Lille, le 18 nov. 1900.

de son temps la foi avait porté des fruits dans tout l'univers (1). Au commencement du IIe siècle, saint Justin s'écrie triomphalement : « Il n'y a pas de peuples, grecs ou barbares, de tout nom et de toutes mœurs, qu'ils habitent sur des chariots mobiles ou sous des tentes voyageuses, pas de classes d'hommes qui n'offrent des prières et des actions de grâces au Dieu Créateur, au nom de Jésus crucifié » (2). La foi a bientôt conquis un royaume plus vaste que l'empire romain. « Nous ne sommes que d'hier, dit Tertullien, et nous remplissons tout. Nous ne vous laissons que les temples. Si nous vous abandonnions, vous seriez épouvantés de la solitude qui se ferait autour de vous. Vous chercheriez à qui commander » (3).

L'aveu des païens n'est pas moins explicite. Sénèque, au témoignage de saint Augustin (4), reconnaît que les chrétiens vaincus ont imposé des lois aux vainqueurs. Pline le Jeune écrit à

(1) *Rom.*, I, 8 ; *Coloss.*, I, 6.
(2) *Dialogue avec Triphon*, 117.
(3) *Apolog.*, cap. III.
(4) *De Civit. Dei*, lib. VI, cap. II.

Trajan : « Non seulement les villes en sont remplies, mais cette superstition est contagieuse, elle envahit les bourgs et les campagnes. Les temples des dieux sont désolés, les fêtes sacrées interrompues » (1).

Le doigt de Dieu est donc là. Le Seigneur à l'origine avait dit : Que la terre se mette à germer, et au souffle de cette parole créatrice tout devient prairie et jardin ; ainsi il commande que l'Église prospère, et aussitôt elle a son plein épanouissement, que rien ne peut arrêter, ni la synagogue ni le paganisme (2).

Second sujet d'admiration, c'est qu'un changement aussi universel que radical soit l'œuvre de quelques bateliers impuissants. Tout leur fait défaut. Le nombre : ils sont douze, et ils ont la naïveté de se partager le monde et de se disperser aux quatre vents du ciel. La condition : ce sont des paysans dont l'ignorance fait sourire les sages; ce sont des juifs, pour lesquels Grecs et Romains n'ont pas assez de mé-

______

(1) *Ad Trajanum, Epist.*, lib, x, ep. 17.

(2) Cf. Chrysost. lib. *Quod Christus est Deus.*

pris. Le prestige : où donc est le pouvoir de leur éloquence, la puissance de leurs armes ? Quels sont les honneurs qui les escortent, la gloire qui les environne ? La folie de la croix. « Les voilà ces pêcheurs qui parcourent la terre, dit saint Jean Chrysostome (1). Ils trouvent le monde malade, ils lui rendent la santé ; chancelant et près de tomber, ils le ramènent à la stabilité. Ils n'ont point de bouclier pour se défendre, ils ne tendent point l'arc, ils ne lancent point de flèches, ils n'ont point d'argent à semer sur leur route, ils ne se confient point dans l'éloquence... Tous les secours humains leur manquent. Dieu seul est avec eux ».

Il est ici-bas une triple puissance qui gouverne tout : les richesses, les plaisirs, les honneurs. Tels sont les véritables rois de l'humanité. Rien ne s'accomplit dans le monde que sous leur inspiration et avec leur concours, et l'histoire humaine est avant tout le récit de ces grandes concupiscences. Affaires et entreprises commerciales, hontes de la luxure et intrigues

(1) Serm. 3 *Pentecost.*

romanesques, ambitions guerrières ou poli-
tiques, ces trois forces expliquent tout. Quiconque ne les a pas avec soi est condamné à
l'insuccès.

Or non seulement les Apôtres ne les ont pas
pour eux, mais ils viennent leur jeter un défi
solennel et leur déclarer une guerre à mort. S'ils
triomphent, Dieu a donc combattu pour eux.

Il le faut bien, car tout leur est contraire.
La nature même de la religion qu'ils prêchent,
scandale pour les Juifs, folie aux yeux des
païens : dogmes qui déconcertent, un crucifié
qu'il faut adorer, trois personnes en un seul
Dieu, péché originel qui humilie la raison, ef-
frayante éternité des peines, etc. ; une morale
austère qui commande de brûler ce que l'univers adore. Que promettent-ils donc, ces séduc-
teurs, pour attirer à eux les foules ? Dans le
présent, les humiliations, le sacrifice du cœur,
le renoncement à la volonté propre, les persécutions, la mort ; dans l'avenir, des biens spi-
rituels que personne n'a vus, qui n'ont point
de prise sur les imaginations.

Quels sont leurs ennemis ? L'univers entier ; tout ce qu'il y a de terrible ici-bas, des passions souveraines qu'on vient troubler en pleine jouissance ; tout ce qu'il y a de puissant, l'orgueil d'un pouvoir absolu. Le paganisme a armé contre la religion nouvelle l'éloquence de ses rhéteurs, la sagesse de ses philosophes, les faisceaux de ses consuls, la majesté de ses empereurs, la vaillance de ses légions, la fureur de ses prêtres qu'on allait détrôner, toutes les séductions de la volupté et tous les épouvantements de la douleur, et il a été vaincu par le Christ, et il n'a pas même pu arracher une frange au manteau de sa divinité.

L'Église a connu des ennemis plus dangereux encore, ceux de l'intérieur : divisions parmi les fidèles, apostasies, hérésies, schismes, scandales. Toutes choses semblaient conjurées contre notre foi, en sorte que le P. Lacordaire a pu dire : « Nous avons usé le sophisme, l'épigramme, l'échafaud... » Et la foi a triomphé, donc elle est divine !

Troisième sujet d'admiration : c'est que ce

résultat n'a pas été superficiel et passager ; il a été plus fort que le temps, il a atteint le genre humain dans ses énergies les plus vivantes, ses racines les plus profondes. Les conquêtes de la foi ne sont pas seulement les illettrés et les plébéiens, mais les sages et les nobles : Denis l'Aréopagite, Clément, Irénée, Justin, Aristide, Athénagore, Tertullien, Augustin, et bien d'autres, qui ont porté avec tant d'honneur le sceptre du génie. Les rois et les princes se sont soumis à la doctrine de quelques Juifs méprisés, et les empereurs sont venus à Rome pleurer au tombeau d'un pêcheur (1). « Oserez-vous dire qu'il est mort, s'écrie saint Jean Chrysostome, le Maître dont les disciples restent après leur trépas les protecteurs et les patrons des empereurs ? » (2).

Nous avons vu à notre époque, le Christ attirer à lui l'éloquence avec Lacordaire, la poésie avec Coppée, la littérature avec Brunetière et Bourget ; nous avons vu les hommes de

(1) Cf. S. AUGUSTIN, serm. in. ps. 65.
(2) Homil. 26 in II *Cor.* XII.

France s'assembler à Lourdes pour affirmer
que le Christ est Dieu, se laisser incliner et
courber à son nom, comme les épis au souffle
des vents. Oui, tout cela est une preuve que le
Christ est aussi vivant qu'au matin de sa résurrection, qu'il est le grand voyageur des siècles,
qu'il poursuit sa course à travers tous les âges
sans jamais mourir, restant celui que l'on
adore, celui que l'on aime, celui pour qui l'on
meurt. Il est Dieu !

V

LA CONSERVATION ET LA PROSPÉRITÉ DE
L'ÉGLISE AU MILIEU DES PERSÉCUTIONS.

Les empires les plus florissants, les monar-
chies les plus prospères, les républiques le plus
solidement établies, ont disparu tour à tour.
Les Assyriens cèdent la place aux Mèdes et
aux Perses, vaincus à leur tour par les Grecs,
qui abandonnent le sceptre à l'empire romain,
lequel succombe enfin sous les coups des Bar-

bares. Des révolutions changent la face du monde, les empires et les gouvernements se suivent les uns les autres, comme des flots que chassent d'autres flots. L'Église a vu se dresser contre elle non pas un peuple ni un empire, mais l'univers avec toutes les puissances dont il dispose. Les hommes d'État ont déployé toutes les rigueurs du pouvoir pour la persécuter dans son dogme, sa morale, ses religieux ou ses prêtres ; les législateurs ont essayé de toutes les habiletés perfides, de tous les expédients et de toutes les inventions subtiles pour lui arracher les derniers restes de ses libertés ; les savants ont abusé contre elle de toutes les séductions de la science, il en est même qui ont fouillé les entrailles de la terre afin de trouver une objection nouvelle contre cette Église souverainement détestée ; les littérateurs de tous les âges, philosophes, poètes, romanciers, ont essayé de profaner de leurs rires, et de souiller de leurs blasphèmes tout ce qu'elle a de sacré. Et elle a toujours répondu par des signes de vie à cette mort qu'on espérait d'elle ; elle a enterré et elle enterre chaque jour quelques-uns de ses persécuteurs, hommes de politique, hommes de lois, hommes de lettres, et elle poursuit sa marche à travers d'autres siècles avec le Christ, qui ne meurt pas.

De tout temps, la tactique des politiciens a été de jeter l'Église en pâture aux lions, comme fit Darius pour le prophète Daniel. Ce lion féroce qui boit le sang de l'humanité a porté divers noms dans l'histoire, mais, sous quelque masque qu'il se déguise, il représente toujours le parti de la révolte et du désordre. Il a des dents et des ongles de fer, il dévore tout ce qu'il peut saisir, et le reste il le déchire et le foule aux pieds. Il lui faut toujours une proie, et la prudence des sages de ce monde consiste à lui abandonner l'Église, pour se maintenir au pouvoir. La haine religieuse est leur signe de ralliement ; dès qu'il s'agit du catholicisme l'union entre les partis irréductibles est réalisée : livrons l'Église aux lions ! Et c'est fait. Maintenant on peut lever la séance, faire un grand festin, donner une brillante réception, et puis dormir tranquilles... C'est bien, tout est sauvé, nous avons une nouvelle loi contre la religion du Christ, l'Église est dans la fosse aux lions ! Demain, on lui fera de grandes funérailles, et nous serons désormais en paix !

Demain ! sectaires, l'Église se lèvera avant vous. C'est que Dieu est descendu dans la fosse avec elle, comme autrefois avec Daniel ; il a commandé au monstre, et celui-ci a respecté l'auguste victime, la noble persécutée, et il n'a pas même déchiré une frange de son manteau. Que les hommes d'État veillent bien tard, le soir, pour nous surprendre, la Providence veillera encore plus tard ; qu'ils se lèvent de bonne heure, le matin, pour tramer un nouveau complot contre nous, la Providence se lèvera toujours avant eux !...

Qu'ils prennent garde, cependant ! La bête féroce qui est impuissante contre l'Église a tout pouvoir sur eux ; une révolution devient vite le bras et la dent de fer avec lesquels le lion broie les persécuteurs, et de la sorte se vérifie par eux l'histoire lamentable des ennemis de Daniel : *devorati sunt in momento* (1).

L'Église se développe donc par l'épreuve, l'air des persécutions lui est favorable. Le sang des martyrs est une semence de chrétiens (2). La vigne se fortifie lorsqu'elle est taillée (3) et la foi lorsqu'elle est persécutée (4). Les Pères (5) ont comparé l'Église à l'arche de Noé portée sur les flots. Celle-ci s'élevait à mesure que les eaux montaient, et quand le déluge était le plus menaçant, l'arche était plus près du ciel. Ainsi l'Église : elle monte avec les flots, elle est plus près de Dieu, quand la persécution est plus terrible. De nombreux déluges ont essayé de l'engloutir. Le premier fut le paganisme : il ne réussit qu'à rendre l'Église plus pure, qu'à la faire monter plus

(1) DANIEL, XIV, 41.

(2) TERTULL. *Apolog.* circa finem.

(3)
      « Versez du sang, versez encore ;
      Plus vous retranchez des rameaux,
      Plus le tronc sacré voit éclore
      Ses rejetons toujours nouveaux ».
               LAMARTINE,
        Ode sur la naissance du duc de Bordeaux.

(4) S. JUSTIN, *Dialogue avec Tryphon.*

(5) Voir en particulier saint Hilaire, lib. IV. *De Trinitate.*

haut, sur le trône du monde avec Constantin. *Elevaverunt arcam in sublime* (1). Julien l'Apostat est obligé de lancer vers le ciel l'aveu de son impuissance avec le sang de sa blessure : Galiléen, tu as vaincu ! Et la barque de Pierre poursuit sa marche, emportant avec elle ses élus et laissant dans les flots les cadavres de ses persécuteurs.

Viennent ensuite les grandes hérésies, qui bouleversent tout l'Orient et ont leur contre-coup sur notre monde occidental. Mais pendant ce temps les conciles s'assemblent, et les évêques viennent de tous les pays affirmer la divinité de notre religion. Les Ariens et les autres sont morts, malgré leurs puissantes intrigues ; sur leurs vains débris l'Église a élevé sa croix triomphale, et la foi des conciles est toujours immuable.

L'Islamisme fut la grande menace qui pesa sur le moyen âge, il faillit ensevelir l'Europe sous un déluge de sang et de boue. Un jour pourtant il s'est rencontré avec l'Église dans

(1) *Genes.* vii, 17.

le golfe de Lépante, pour y subir une défaite
dont il ne s'est jamais relevé. Il a depuis lors
végété dans l'impuissance.

Le Protestantisme éleva ses flots impétueux,
l'Église n'a pas été submergée. La grande hérésie a toujours porté en elle des germes de
ruine, manquant de cette unité qui fait la force
et qui promet l'avenir. A ses menaces de mort
l'Église répondit, comme toujours, par des
signes de vie ; elle enfanta Ignace de Loyola,
Thérèse, Pierre d'Alcantara, François Xavier,
Charles Borromée, Louis Bertrand, François
de Sales, Rose de Lima, et toute cette pléiade
de héros et de saints qui brillent au firma-
ment des seizième et dix-septième siècles. Elle
était devenue plus pure, plus divine, les flots
l'avaient portée plus près du ciel.

La révolution, le rationalisme, la franc-ma-
çonnerie sont le grand péril des temps mo-
dernes. L'Église espère. On vit un fils de la
révolution s'incliner devant un Pape et lui
demander un concordat ; ne verra-t-on pas un
jour le rationalisme s'incliner devant l'Église

et lui demander la foi ? La vie de l'Église c'est
la charité, et la charité a-t-elle jamais fait plus
de prodiges qu'à notre époque ? Elle a des
mains pour soigner toutes les misères, un
langage pour instruire toutes les ignorances,
un cœur pour adoucir toutes les amertumes.
L'Église est toujours féconde, elle a partout
des prêtres, des religieux, des vierges. Ses mis-
sions n'ont jamais été plus florissantes : qu'elles
sont belles ses légions d'apôtres, qu'ils sont
radieux ses pavillons dressés sur tous les
rivages !

Lorsque les vieilles nations se détachent d'elle
et meurent de leur ingratitude, de nouveaux
peuples sont là pour la consoler. La jeune et
vaillante église d'Amérique est toute riche de
promesses, et, grâce au Nouveau-Monde, le
catholicisme peut entonner l'*hosanna* d'un
radieux avenir.

Une génération disparaît, une génération
arrive, l'Église demeure : elle préside à leur
naissance, elle assiste à leur mort. Sur le berceau et sur la tombe des peuples, elle récite

l'*alleluia* et le *de profundis*. La génération
passée avait été ingrate et persécutrice, l'Église
ne s'en est pas souvenue, elle a su la consoler
à son dernier soupir et prier sur sa tombe.
Voici une génération nouvelle qui arrive, toute
frémissante de vie ; celle-ci également persécu-
tera : l'Église, qui le sait d'avance, n'écoute
que son cœur, bénit ce berceau, sourit au nou-
veau-né, chante sur lui l'*alleluia*, invoque sur
lui le Dieu du bonheur. Et, quand ce peuple
sera devenu un vieillard et qu'il devra dispa-
raître de la scène du monde, oublieuse des outrages, l'Église viendra le coucher dans le tombeau avec une tendresse de mère. Chantant
ainsi sur le berceau des nations l'*alleluia*,
murmurant sur leur tombe le *de profundis*,
elle poursuit sa marche à travers d'autres
siècles, avec le Christ, qui ne meurt pas.

Comme son Fondateur, elle sourit à ceux qui
la frappent, elle ne connaît pas la vengeance,
elle ne maudit pas. Sa patience est le gage de
sa victoire : toute douceur est une force, comme
toute colère est une faiblesse. Ce sont cette

magnanimité et cette grandeur qui lui amènent les hommes de bonne volonté. Séduits, dominés par ce spectacle d'une société persécutée et cependant triomphante, calomniée, bafouée et oubliant de maudire, ils se disent que tout cela est inexplicable au point de vue naturel. — Il doit y avoir là une force divine : étudions de plus près cette Église jusqu'ici méconnue. — Peu à peu l'attitude de ces penseurs devient bienveillante ; grâce à eux une réaction se produit : ce sont déjà des auxiliaires. De la sympathie on passe à l'admiration, de l'admiration à l'amour, et l'on devient l'enfant de cette Église catholique, qu'on servira jusqu'à la mort, qu'on défendra avec passion, et, s'il le faut, au prix de son sang. L'Église compte une nouvelle victoire, chante un nouvel *alleluia*, celui de la mère qui est heureuse et étonnée de ses nouveaux enfants : *matrem filiorum lœtantem* (1).

(1) « Ecclesia per se ipsa, ob suam nempe admirabilem propagationem, eximiam sanctitatem et inexhaustam in omnibus bonis fœcunditatem, ob catholicam unitatem, invictamque stabilitatem, magnum quoddam et perpe-

VI

LES PROPHÉTIES.

Nous arrivons à une nouvelle série de preuves. Elles demanderaient à être présentées avec des développements et une ampleur que nous ne pouvons leur donner ici. D'excellents écrivains ont prouvé l'authenticité des écrits prophétiques. Nous partirons d'un principe admis par tout le monde. Les critiques les plus intransigeants nous concéderont que ces livres sont antérieurs à l'ère chrétienne de deux siècles au moins. Cela nous suffit pour la valeur démonstrative que nous voulons tirer des prophéties. Le calcul sur les probabilités établit péremptoirement que la réalisation de tant de prédictions diverses concernant le Christ a une cause divine. Donc le Christ est Dieu !

Voici comment raisonne le docteur Poisson (1) : « Supposons, par exemple, qu'il y ait

tuum est motivum credibilitatis et divinæ suæ legationis testimonium irrefragabile ». *Conc. Vatic.*, cap. 3. *De Fide.*

(1) Dans son ouvrage : *Recherche sur la probabilité des*

sur une table vingt-six cartes marquées chacune d'une des vingt-six lettres de l'alphabet. Trois de ces cartes sont rangées à part et forment le mot oui. Vous soupçonnez immédiatement que cet arrangement est intentionnel, qu'une personne à vous inconnue savait lire et a voulu représenter ce mot. Le calcul démontre qu'on peut parier six contre un pour l'affirmative... Mais, au lieu de trois lettres rangées à part, supposez que vous en trouvez dix, formant le mot ABSOLUMENT. Ici, vous n'hésitez plus, et vous affirmez sans crainte d'erreur que l'auteur de cette juxtaposition savait lire et a voulu former le mot français que vous lisez. Tout en reconnaissant que le contraire est théoriquement possible, vous ne le regardez pas comme pratiquement réalisable. Et en effet, dans ce cas le calcul montre qu'il y a 3628800 à parier contre 1 en faveur de votre conclusion... On voit qu'il a suffi d'augmenter un peu le

jugements en matière criminelle et en matière civile, cité par le P. CARBONNELLE : *Les confins de la science,* tome II, chap. IX.

nombre des lettres qui forment l'arrangement remarquable pour passer d'une probabilité ordinaire à une certitude pratique ».

S'il ne s'agit pas de dix lettres, mais de nombreux mots formant une phrase claire et logique, vous avez la certitude absolue que ce n'est point l'effet du hasard.

Or l'accomplissement de toutes les prophéties qui concernent Jésus-Christ est plus difficile que l'arrangement de dix lettres ou de plusieurs mots. C'est que, en effet, ces oracles sont très nombreux, très compliqués, très détaillés, et racontent d'avance tout l'Évangile. Si l'auteur de ces prédictions ne connaît pas l'avenir, il y a un chiffre formidable à parier que les faits lui donneront dans leur ensemble un éclatant démenti. Que disent-elles ? L'histoire tout entière du Christ. Son rôle de Messie qui doit briser la tête du serpent et en qui seront bénies toutes les nations de la terre (1). — Sa descendance de la famille de David : Un re-

____

(1) *Genes.*, iii, 15 ; xxvi, 1 ; xxviii, 14 ; xli, 3.

jeton sortira de la tige de Jessé (1). — Sa naissance d'une Vierge : Voici qu'une Vierge concevra et enfantera (2).— Le lieu de son origine:
Bethléhem Ephrata est la ville d'où sortira le
chef d'Israël (3). —L'époque de son avènement:
lorsque le sceptre aura été enlevé à Juda et
que le nombre des semaines d'années sera révolu (4). — Sa présentation au temple : Il viendra le désiré des nations, et il remplira cette maison de sa gloire (5). —Sa prédication : L'Esprit
de Dieu est sur moi, et c'est pourquoi il m'a
conféré l'onction sainte, il m'a envoyé pour
prêcher à ceux qui sont doux, guérir ceux qui
ont le cœur brisé, annoncer aux captifs la délivrance (6). —Ses miracles : Alors les yeux des
aveugles verront, les oreilles des sourds seront
ouvertes, le boiteux s'élancera comme un cerf
et la langue des muets sera déliée (7). — Son

(1) ISAI, XI. 12.
(2) IS., VII.
(3) MICH., V.
(4) *Genes.*, XLIV ; DANIEL, IX.
(5) AGG., II.
(6) ISAI., LXI.
(7) ISAI., XXXV.

entrée à Jérusalem : Voici ton roi qui vient à toi, juste et sauveur : il est pauvre, et il est monté sur une ânesse et sur son poulain (1). — La trahison par un de ses disciples : Celui qui m'était uni, à qui je me fiais, qui mangeait à ma table, se révolte avec insolence contre moi (2). — La vente pour trente deniers : On a pesé trente pièces d'argent pour la récompense de celui qui l'a livré (3). — Les douleurs de sa passion et sa douceur inaltérable : Il s'est offert parce qu'il l'a voulu. Il n'a point ouvert la bouche, et il a été mené au supplice comme un agneau, comme une brebis muette sous la main de celui qui la tond (4). — Son supplice entre deux larrons : Il a été mis au nombre des scélérats (5).

Le psaume xxi a décrit d'avance toutes les scènes du Golgotha, aussi bien que l'eût fait un témoin oculaire : Tous ceux qui me voient

(1) Zachar., ix,
(2) *Ps.*, xl.
(3) Zachar., xi.
(4) Isaï, liii.
(5) Ibid.

m'insultent, ils secouent la tête et disent : Il a mis son espérance dans le Seigneur, que le Seigneur le sauve, s'il est vrai qu'il l'aime. Ils ont percé mes mains et mes pieds, ils ont compté tous mes os ; ils ont partagé mes vêtements et jeté ma robe au sort. — On m'a donné du fiel pour nourriture, et dans ma soif on m'a abreuvé de vinaigre (1). — Son délaissement et ses angoisses : Mon Dieu, mon Dieu, pourquoi m'avez-vous abandonné ? (2). — Les troubles de la nature qui suivent la mort du Sauveur : En ce jour-là je ferai que le soleil se couche en plein midi, et je couvrirai la terre de ténèbres en un jour serein (3). — Sa résurrection : Dieu ne permettra pas que son Saint voie la corruption, il le tire des portes de la mort, afin que le ressuscité annonce les louanges du Très-Haut (4). — Son ascension : Vous êtes monté au ciel, entraînant avec vous la captivité (5). — Sa

(1) *Ps.*, LXIII.
(2) *Ps.*, XXI.
(3) AMOS., VIII.
(4) *Ps.*, IX et *ps.* XV.
(5) *Ps.*, LXVII.

session à la droite du Père : Le Seigneur a dit
à mon Seigneur : Asseyez-vous à ma droite,
jusqu'à ce que je réduise vos ennemis à vous servir de marchepied (1). — Son sacerdoce éter-
nel : Vous êtes prêtre selon l'ordre de Melchi-
sedech (2). — Son sacrifice nouveau, qui doit
remplacer le culte mosaïque : Ma volonté ne se
repose plus sur vous, dit le Seigneur des ar-
mées, et je ne recevrai plus d'offrande de vos
mains. Car de l'aurore au couchant mon nom
est grand parmi les nations ; on sacrifie à mon
nom en tous lieux, et l'on me présente une offrande immaculée (3).

Nous le répétons, cet ensemble si logique de
prédictions très claires, confirmées par les
événements, est, sans comparaison, plus com-
pliqué que l'arrangement des lettres et des
mots dont nous parlions tout à l'heure. En vertu
du calcul des probabilités, le nombre à parier
est ici tellement gigantesque qu'il nous donne

(1) *Ps.*, cix.
(2) Ibid.
(3) Malach. I, 10-11.

la certitude *absolue* que l'auteur principal de ces oracles connaissait l'avenir : donc il est Dieu ! Présentée même sous cette forme et sans d'autres développements, la preuve tirée des prophéties est lumineuse, à la portée de toutes les intelligences, apodictique, irrésistible.

VII

LE TÉMOIGNAGE DE JÉSUS-CHRIST.

Un grand motif de crédibilité en la divinité du Sauveur, c'est le témoignage que le Christ s'est rendu. Il s'est déclaré Fils de Dieu et Dieu lui-même.

Dans ses entretiens privés : « Dieu a tellement aimé le monde qu'il lui a donné son Fils unique... L'incrédule est déjà jugé, parce qu'il ne croit pas au nom du Fils unique de Dieu (1). ...Le Messie c'est moi qui vous parle » (2). Lorsque Pierre a fait la sublime profession de foi : « Vous êtes le Christ, Fils du Dieu vivant »,

(1) Joan. iii, 13-18.
(2) *Id.* iv, 26.

Jésus approuve ce langage et il déclare que cette connaissance ne vient ni de la chair ni du sang, mais qu'elle est une révélation du Père céleste (1).

Dans ses discours au peuple : « Ma doctrine n'est pas de moi, elle est de Celui qui m'a envoyé... C'est le Père qui me rend témoignage. Je procède de Dieu, je viens de lui, et c'est lui qui m'envoie... Moi et le Père nous ne sommes qu'un seul » (2).

Dans ses réponses officielles aux magistrats qui l'interrogent : Je t'adjure par le Dieu vivant de nous dire si tu es le Fils de Dieu. — « Oui, je le suis, vous l'avez dit. Et désormais vous verrez le Fils de l'homme sur les nuées, assis à la droite du Père » (3).

Ces divers témoignages ne peuvent s'entendre d'une filiation purement adoptive, car alors les Juifs n'auraient pas eu de prétexte

______

(1) MATTH., XVI, 13-20. Sur la portée de la confession de Pierre, voir *Revue Biblique*, juillet 1903, p. 353.

(2) Cf. JOAN., VII, 14 sq., VIII, 18-42, X, 24-30.

(3) MATTH., XXVI, 63-64.

pour demander sa mort. Il est accusé de blasphème et condamné pour s'être déclaré Dieu. Jésus ne corrige pas cette interprétation, il la fait sienne, et il donne sa vie pour sceller son témoignage. Il faut croire des témoins qui se laissent égorger. « Jésus est mort pour avoir affirmé qu'il était le Fils de Dieu. Et en agissant ainsi, Il a revêtu son affirmation de toute la puissance persuasive qu'une parole humaine puisse revendiquer » (1).

Le Christ témoin ne s'est pas trompé, il n'a pas trompé. Sa science, sa sagesse, son génie sont trop manifestes pour qu'on puisse soupçonner en lui un halluciné. « Les illuminés, les hallucinés peuvent quelquefois faire parler d'eux dans une ville grecque, c'est-à-dire une ville où l'on aime le nouveau — et il y a des villes grecques dans tous les âges ; — ils peuvent tout au plus attirer sur eux, avec l'attention d'un public léger et frivole, l'attention de quelques savants, mais le monde passe et c'est là un petit caillou que la locomotive broie sur

(1) P. Didon, *La divinité de Jésus-Christ*, p. 153.

son passage... Mais, quand une parole pénètre partout, se frayant un chemin dans l'esprit et dans la conscience, ébranlant les peuples et les civilisations, il faut être sincère et se courber devant sa puissance ; ce n'est plus l'homme, Messieurs, c'est Dieu qui passe » (1).

Il n'a pas trompé. Tant d'honnêteté, tant de piété pour Dieu et de dévouement pour les hommes, tant de grandeur morale, tant de sainteté, ne s'allieront jamais avec l'imposture. « Jamais beauté pareille n'a lui à la surface de la terre. Jamais pareille sainteté n'a honoré et ébloui l'espèce humaine. Et je n'excepte rien, aucun nom de l'histoire ; vous pouvez la scruter à toutes les pages, vous ne rencontrerez pas un seul exemple d'homme ayant atteint cette hauteur... L'homme est entraîné dans trois directions : par la conscience, par les intérêts, par les instincts... Chez nous la conscience est fragile. En Jésus rien de pareil ; il échappe à cette fatalité de corruption. Sa conscience, c'était la manifestation de la volonté

(1) P. DIDON, *op. cit.*, p. 151-152.

du Père céleste… Or la volonté de Dieu étant la perfection même, Jésus en la suivant, docile, a réalisé la perfection absolue dans son existence humaine.

Quant à ses intérêts, il n'en avait que deux : l'intérêt de son Père ; puis l'intérêt supérieur des hommes… Toute sa vie, depuis le moment où il est entré en scène jusqu'à sa dernière heure, a été consacrée au triomphe de son Père et au bien des hommes…

Quant à ses plaisirs, oh ! il n'en est pas question dans la vie de Jésus. Sa jouissance unique consistait à bien faire » (1).

Voilà donc le témoin parfait, incapable de se tromper et de tromper. Il s'est affirmé Dieu, donc il est Dieu.

Cette démonstration est vraiment décisive. Nos grands apologistes, Lacordaire (2), Bougaud (3), Didon (4), l'ont rendue populaire, et il nous suffit de l'avoir énoncée. Qu'il nous

(1) *Op. cit.*, p. 143-145.
(2) Confer. 37°.
(3) *Le Christianisme et les temps présents*, tom. II, ch. iv.
(4) *La divinité de Jésus-Christ*, 4° et 5° conf.

soit permis, avant de passer à la preuve solennelle des miracles, de dire au Christ avec le P. Didon : « O témoin Jésus, dont je suis l'humble disciple, tu es vraiment debout dans la divinité de ton témoignage. Le monde peut passer, te jeter des injures, à l'exemple de ton peuple, qui n'a pas craint de t'appeler : possédé du diable et Samaritain — dernier mot, dans sa bouche, de l'outrage et du blasphème. Oui, le monde peut passer, mais tu resteras rayonnant dans ton martyre, dans ta sainteté, et nous viendrons nous agenouiller devant toi et proclamer, comme le centurion : Cet homme disait vrai, Il est le Fils de Dieu ! »

VIII

LES MIRACLES ET LA RÉSURRECTION
DE JÉSUS-CHRIST.

Le Sauveur en appelle lui-même à ses miracles pour établir la divinité de sa mission. Lorsque les envoyés de Jean-Baptiste lui demandent s'il est vraiment le Messie ou s'il faut en attendre un autre, il leur jette comme argument irréfutable cette courte réponse : Allez et rapportez à Jean tout ce dont vous êtes les témoins : les aveugles voient, les boiteux marchent, les lépreux sont purifiés, les sourds entendent (1). Son argumentation contre ses adversaires n'est pas différente : Les œuvres que je fais me rendent témoignage ; si vous ne voulez pas me croire moi-même, croyez du moins à mes œuvres. Si je n'avais pas opéré tant de miracles, ils seraient sans faute ; mais maintenant ils n'ont aucune excuse de leur péché (2). Saint Jean nous dit de même en terminant son évangile : Ces miracles ont été mis par écrit, afin que vous croyiez que Jésus est le Christ fils de Dieu, et qu'ainsi vous ayez la vie éternelle (3).

Le miracle est la signature et le sceau de Dieu ; c'est à la vérité seule que cette marque est apposée. Quiconque se proclame Dieu et signe sa déclaration par un miracle, prouve

(1) Matth., xi.
(2) Joan. v et xv,
(3) Joan., xx, 31.

qu'il dit vrai : il est Dieu ! Voilà ce qu'a fait le Christ. Pour montrer que la nature entière lui appartient et lui obéit, il étend ses miracles sur tout le domaine de la création (1). Sur le monde corporel : l'eau est changée en vin, les pains sont multipliés ; sur le monde aérien : l'étoile conduit les mages à son berceau, les ténèbres annoncent le deuil de sa mort. Sur la créature spirituelle : les bons anges viennent chanter sur sa crèche, le servir au désert, le fortifier au jardin des Oliviers ; les mauvais esprits sont chassés des possédés et obligés de se soumettre à son pouvoir (2). Sur les corps malades : une vertu curative s'échappe de sa personne (3), il guérit le serviteur du centurion, la fille de la Chananéenne, le paralytique à la piscine, la belle-mère de Pierre, etc. Pouvoir sur les âmes : d'un regard il domine ses ennemis ; seul, au temple, il met en fuite, sans éprouver la moindre résis-

(1) Cf. S. Thomas, iii P. q. 41.
(2) Luc., ii, xxii , Matth., iv.
(3) Luc, iv.

tance, toute la foule des vendeurs ; il passe in-
visible au milieu des Juifs. Pouvoir sur les
consciences : il lit les plus secrètes pensées, et
d'une parole il remet les péchés du paralytique
et ceux de Madeleine. Pouvoir sur la mort
dans les trois résurrections célèbres : le fils de
la veuve de Naïm, la fille de Jaïre, Lazare en-
seveli depuis quatre jours (1).

Ces miracles sont historiquement certains.
C'étaient des faits sensibles, publics, même solennels, constatés par des multitudes et frap-
pant d'autant plus l'attention qu'ils étaient plus
extraordinaires. D'ailleurs, l'enquête juridique
n'a pas manqué. Les Pharisiens, à propos du
paralytique guéri à la piscine, de l'homme à la
main desséchée et surtout de l'aveugle-né, ont
déployé toutes les ressources de la tactique la
plus habile, une adresse merveilleuse et une
perfidie que la droiture populaire et l'évidence
du prodige ont chaque fois déjouées (2). Con-
vaincus malgré eux, impuissants à voiler la

(1) Matth., ix ; Luc, vii ; Joan., xi.
(2) Joan., v et ix.

lumière, les Juifs confessent ces miracles avec dépit, et c'est là précisément un motif pour les pontifes de tramer le complot de mort qui les délivrera du thaumaturge : *quia hic homo multa signa facit* (1).

Les résultats des miracles persévèrent, les faits acquièrent une notoriété qui les perpétue. Les païens eux-mêmes ne les contestent pas. L'ennemi de notre foi, celui qui le premier arma la philosophie et la science contre le christianisme, Celse, admet ces faits comme historiques, mais il prétend les expliquer par la magie (2).

Le caractère surnaturel n'est pas moins in-contestable. Ces prodiges ne viennent pas du démon, car ils ont pour objet de détruire son règne, et il est inconcevable que Satan travaille à sa propre ruine. Ce n'est pas non plus à l'aide de la suggestion ou de l'hypnotisme qu'on nourrira cinq mille hommes affamés. Les faits se sont chargés de renverser d'avance

(1) JOAN., XI.
(2) Apud. ORIGEN. *adversus Celsum*, I, 38.

les théories péniblement construites par le rationalisme moderne. Tout s'oppose aux explications de la libre pensée. La *nature* même des faits : la multiplication des pains devant des milliers de personnes, la guérison subite d'un paralytique qui a langui trente-huit ans dans son infirmité, la vue donnée à un aveugle de naissance, des résurrections aussi certaines que les décès. Pas n'est besoin de connaître toutes les forces du monde physique pour savoir que tout cela dépasse la sphère du naturel. Le *mode* aussi déjoue le système fantaisiste de nos incrédules. C'est sans aucune préparation, sans l'emploi d'aucun remède, d'aucun agent physique, par un simple commandement, parfois même à distance, qu'opère le thaumaturge de l'Évangile. Si ce n'est pas là du divin, qu'on nous cite dans toute la suite des âges, le magicien le plus audacieux, l'hypnotiseur le plus habile, qui ait osé imiter même de loin la millième partie de ce qu'a fait le Christ pour le bien de l'humanité (1).

(1) « Potestisne aliquem nobis designare, monstrare ex

Un événement capital, sur lequel il nous faut insister, c'est la résurrection de Notre Seigneur. Il a une importance de premier ordre, non seulement parce que c'est un miracle insigne, mais pour un triple motif. D'abord, parce que le Christ l'avait choisi comme la marque particulière et la confirmation suprême de sa mission divine. « Ils n'auront pas d'autre signe que celui de Jonas. Comme ce prophète passa trois jours dans l'intérieur du poisson, le Fils de l'homme sera trois jours dans le sein de la terre » (1). En second lieu, parce que c'est le fondement de notre religion. Tout est vain dans notre foi, si le Christ est resté au tombeau ; s'il en est sorti glorieux, notre espérance est infaillible (2). Enfin, parce que ce mystère résume la plupart des vérités dogmatiques et morales. Il y a deux natures en Jésus-Christ : la nature humaine, puisqu'il peut mourir, la nature di-

omnibus illis magicis viris qui unquam fuere per sæcula, consimile aliquid Christo millesima ex parte qui fecerit ? » ARNOBIUS, *Adversus Gentes*, lib. I, cap. 43.

(1) MATTH., XII, 39-40.
(2) I *Cor.*, XV, 14.

vine, puisqu'il triomphe de la mort. Si c'est par sa vertu propre qu'il ressuscite, il s'affirme et se prouve Dieu ; si c'est par la vertu du Père, il est encore Dieu, car il donne sa résurrection comme la preuve de sa divinité, et le Père céleste ne peut signer une imposture par un miracle. La victoire de Jésus sur la mort est le gage certain de notre résurrection et l'argument visible de la vie future. C'est notre consolation au milieu des épreuves : on savoure la souffrance, quand on sait le poids immense de gloire qu'elle nous mérite, on s'endort avec joie dans le tombeau, quand on est certain que ce sommeil attend l'aurore.

Dans l'ordre moral, cette résurrection est le symbole de la réforme des mœurs et du renouvellement total de la vie spirituelle (1).

Le fondement du christianisme se résume en ces deux mots : Jésus est mort, Jésus est ressuscité. Voilà pourquoi toute la mission des apôtres fut d'être les témoins de la résurrection (2).

(1) *Rom.*, vi.
(2) *Act.*, I, 22.

Jésus est mort. Nous avons pour garantir ce fait le témoignage du centurion présent à toute la scène du Calvaire, le soin que prend Pilate de s'informer auprès de cet officier : ce n'est qu'après une enquête certaine qu'il autorise la sépulture (1). Le témoignage des légionnaires chargés d'achever les suppliciés : ils brisent les jambes des deux larrons, mais, ayant constaté que Jésus est mort, l'un d'eux lui ouvre le côté avec une lance, et de la blessure s'échappent de l'eau et du sang (2). Les témoignages de Joseph d'Arimathie, de Nicodème, des saintes femmes, qui n'eussent jamais consenti à ensevelir vivant l'objet de leur si vive et si fidèle amitié.

D'ailleurs, après le supplice de la flagellation, les défaillances et les épuisements de la voie douloureuse, les souffrances atroces de crucifiement, le coup de lance du soldat, les conditions de la vie étaient devenues physiquement impossibles et un dénouement fatal était

(1) Marc., xvi, 39 et seqq.
(2) Joan., xix, 31 et seqq.

inévitable. Les opérations multiples de l'ensevelissement, le sépulcre même, les cent livres de parfums versées sur le corps du crucifié auraient sûrement amené la mort, si elle n'eût pas été déjà bien certaine. Et puis, il y aurait eu de la part de Jésus, des disciples et des saintes femmes une imposture colossale, qui n'a pu se produire et qu'on n'imposera jamais à la croyance du genre humain.

Jésus est ressuscité. Il faut admettre un fait dont les témoins ne se sont pas trompés, n'ont pas voulu tromper, n'ont pas pu tromper.

Ici, les témoins ont toutes les garanties voulues pour échapper à l'illusion. Ce ne sont ni des hallucinés ni même des enthousiastes; âmes simples, mais positives, qui veulent voir et toucher avant de croire. Les rationalistes prétendent que la foi exaltée des apôtres inventa la résurrection. Mais il est certain, au contraire, que les disciples ne s'attendaient plus à la résurrection de leur maître. Rebelles à toute crédulité naïve, ils n'acceptent point le témoignage des femmes, et, quand celles-ci annoncent que le Seigneur est ressuscité, ils regardent leurs visions comme le produit de cerveaux en délire (1). L'évidence seule est capable de les convaincre, et leur exigence est telle qu'il leur faut des preuves palpables et tangibles (2). Le Sauveur s'est plu à multiplier ses preuves, *in multis argumentis* (3) : il se manifeste de nombreuses fois et de diverses manières : on a compté jusqu'à onze apparitions. Ce n'est pas à des visionnaires isolés, mais à des groupes peu crédules, mais à une réunion de cinq cents personnes (4). Et parmi tant de témoins on n'en citera pas un seul qui se soit ou contredit ou démenti. « Ce ne sont pas ici des hommes prévenus qui meurent pour des sentiments qu'ils ont sucés avec le lait, ce ne sont pas ici des spéculatifs et des curieux, qui ayant rêvé dans leur cabinet sur des choses imperceptibles, sur les mystères éloignés des sens, font

(1) Luc., XXIV.
(2) Joan., XX, 25.
(3) *Act.*, I.
(4) I *Cor.*, XV.

leurs idoles de leurs opinions et les défendent jusqu'à mourir. Ceux-ci ne nous disent pas : nous avons pensé, nous avons médité, nous avons conclu ; leurs pensées pourraient être fausses, leurs méditations mal fondées, leurs conclusions mal prises et défectueuses. Non, ils disent : nous avons vu, nous avons ouï, nous avons touché de nos mains » (1).

Ils n'ont pas trompé. Et pourquoi l'auraient-ils voulu ? On n'est pas imposteur sans motif. Or quel fruit peuvent-ils recueillir de leurs honteuses manœuvres ? Ils n'ont rien à attendre de Dieu, qui punit de tels forfaits, ni du Christ, qui alors serait un menteur digne de tout mépris. Des hommes qu'espèrent-ils ? La persécution, la prison, la mort. Tout les détourne d'une pareille entreprise. La facilité même de découvrir la fraude. L'imposture est si grossière que le bon sens le plus vulgaire suffit à la démasquer. Quand on veut tromper le genre humain, on recourt à des moyens plus compliqués. Les châtiments des Juifs, ces vin-

____
(1) BOSSUET, *Panégyrique de saint André.*

dicatifs qui tiennent au service de leur haine une puissance sans borne. L'impiété d'un tel attentat : il faut être l'ennemi juré de Dieu et des hommes pour vouloir imposer à l'adoration universelle la mémoire et le culte d'un imposteur. La vie des apôtres est là pour protester, leur honnêteté se trahit et se prouve d'elle-même : on les voit si simples, si bons, si héroïques ! Constants et inébranlables dans leurs affirmations, ils ajoutent à leur témoignage celui du miracle et celui du sang. Ah ! comme Pascal, « je crois les histoires dont les témoins se font égorger ! »

Ils n'ont pas pu tromper. Ils auraient dû enlever le corps du supplicié et persuader sa résurrection au genre humain. Deux impossibilités. Comment soustraire le cadavre ? Par la force ? Mais des hommes que la peur a mis en fuite, qui n'ont rien fait pour défendre leur maître vivant, s'exposeraient pour lui maintenant qu'il est mort et qu'ils le reconnaissent menteur et impuissant ! Les soldats qui gardent le tombeau sont trop nombreux et trop bien

armés pour permettre la moindre tentative.
Par la fraude ? Mais est-il possible que tous
les soldats se soient endormis à la fois, et que
pas un seul n'ait été réveillé par les manœuvres
compliquées de l'enlèvement, le bruit de la
lourde pierre qu'il fallait rouler, etc ? Par la
corruption ? Les Juifs avec les nombreuses
ressources dont ils disposent, peuvent facilement acheter la conscience des légionnaires,
mais eux, bateliers misérables, comment vont-
ils séduire les soldats par la pauvreté et le
dénuement ?

D'ailleurs, leurs ennemis n'ont pas osé maintenir l'accusation d'imposture. On met les
apôtres en prison, on essaie d'étouffer leur témoignage, on leur commande de ne plus parler, on ne suspecte pas leur bonne foi (1). Et
eux, les témoins, ils ne consentent pas à ce
lâche et honteux silence, ils proclament de
toute leur énergie qu'ils parleront : Mieux vaut
obéir à Dieu qu'aux hommes.

La preuve la plus éloquente de la résurrec-

(1) *Act.* v.

tion, ce sont les milliers de conversions qui suivent les deux premières prédications de Pierre, et mieux encore la conversion du monde entier. Est-ce qu'un changement si extraordinaire, est-ce que le triomphe complet de la vertu sur le vice, seraient le fruit d'une imposture ? Est-ce qu'une œuvre si sublime peut être inventée par des ignorants ? (1)

Ajoutons les miracles que les apôtres multiplient au nom de Jésus ressuscité. Les *Actes* contiennent le récit détaillé de ces faits, qui sont sensibles, publics, solennels, constatés par des multitudes. Les miracles ont été comme les éclairs et les tonnerres au milieu desquels l'Évangile fut promulgué. Ils remplissent l'histoire du catholicisme, et de nos jours encore ils élèvent leur voix grandiose, que l'incrédulité est obligée malgré elle d'entendre.

La conversion du genre humain et l'existence de l'Église à travers les âges sont un

____

(1) « L'Evangile a des caractères de vérité si grands, si frappants, si parfaitement inimitables que l'inventeur en serait plus étonnant que le héros ». JEAN-JACQUES ROUSSEAU.

miracle de première valeur. « Ce qui serait plus étonnant que tous les prodiges, dit saint Thomas, c'est que le monde entier, à la voix de quelques pêcheurs ignorants, eût été amené à croire sans miracles des dogmes si ardus et à pratiquer une morale si difficile » (1). Cajetan s'écrie à ce propos : « Ou bien donc on admet que le Christ a fait des miracles, et dans ce cas il faut confesser sa divinité ; ou on le conteste, et par le fait même on nous impose le plus grand des miracles : c'est que le Christ ait pu sans aucun miracle combattre et vaincre le monde entier adonné au culte des idoles » (2). Saint Augustin avait déjà employé la même argumentation victorieuse contre les infidèles : « Si vous avouez que le monde a été amené à la foi par la vertu des miracles, il faut dire que notre religion vient de Dieu, le seul auteur des miracles et des grandes merveilles. Si vous le niez, vous introduisez un gigantesque miracle. Quoi de plus miraculeux, en

(1) I *Contra Gent.*, cap. VI.
(2) Comment. in III P., q. 43, a. 4.

effet, que l'empire romain, que le paganisme entier aient abandonné le culte des ancêtres sans y être forcés par des signes surnaturels ; aient accepté spontanément cette religion qu'ils avaient combattue avec tant de passion et juré d'anéantir » ? (1)

IX

LE TÉMOIGNAGE DES MARTYRS.

Considéré avec l'ensemble des circonstances qui le caractérisent, le témoignage de nos martyrs est un fait humainement inexplicable, un miracle de l'ordre moral, qui prouve avec évidence la divinité du christianisme. Ici tout a une éloquence irrésistible.

Et d'abord le nombre. Que certains fanatiques soient morts pour défendre leurs idées ou leurs rêves, on l'a vu ; mais c'étaient des isolés dont l'exemple fut incapable et d'entraîner et de convaincre. Pour notre foi, ce sont

(1) S. AUGUSTINUS. *Orat. contra infideles*, et *De civitate Dei*, lib. XXII, 5.

des multitudes innombrables qui ont payé le tribut du sang. Toute la légion thébaine se laisse égorger pour le Christ ; à Rome, dix-sept mille personnes furent mises à mort dans l'espace de trente jours, vingt mille furent brûlées au jour anniversaire de la naissance du Sauveur. Le rationalisme, volontiers optimiste quand il s'agit des païens, essaie bien vainement de réduire le nombre des victimes en traçant un tableau fantaisiste des persécutions : les faits sont là. Saint Jérôme, après une étude approfondie des annales des pontifes romains, estimait le chiffre des martyrs tellement élevé que, si l'on voulait célébrer leur mémoire à tous dans le courant de l'année, il faudrait en fêter au moins trois mille par jour (1). Julien l'Apostat lui-même compare ces vaillants à des essaims sans nombre qui volent au supplice comme des abeilles à leurs ruches (2). C'étaient des multitudes qu'on

(1) *Epist. ad Heliodorum.*

(2) « Sicut apes ad alveria, sic illi ad martyrium ». Parole citée par saint Grégoire de Nazianze, *Oratio in Julianum.*

abandonnait aux lions : *christianos ad leones* ; c'étaient parfois de vrais troupeaux de victimes qu'on livrait aux flammes ; des villes entières étaient consumées avec leurs habitants (1).

Les dix grandes persécutions générales du paganisme romain avec celles qui ont ensanglanté la Perse, l'empire de Mahomet, le Japon, la Chine, l'Annam, etc, ont donné au ciel un nombre incalculable de martyrs. Quelle nuée de témoins, quelle éloquence que cette voix de l'héroïsme et du sang !

Cette histoire n'est pas finie ; à notre époque encore le Christ a eu ses athlètes, et chaque jour et partout des hommes lui donnent en mourant ces deux choses sublimes : du sang et de l'amour ! (2)

(1) « Non singuli, sed gregatim circumdato igne ambiebantur ». Cf. LACTANT. *de Mort. persecul.* ; et EUSEB. *Hist. Eccles.* lib. VIII.

(2) « Tout concourt à fortifier l'opinion traditionnelle sur le caractère meurtrier des persécutions. Aucune donnée statistique ne permet de retrouver même approximativement le nombre des martyrs ; on ne saurait douter qu'il ait été très grand » P. ALLARD. *Histoire des persécu-*

La qualité des témoins. Il y a là les représentants de la noblesse romaine, avec Clément et Apollonius ; il en est qui portent dans leurs veines le sang des Césars ; il y a des généraux, des guerriers, des triomphateurs, comme Victor, Sébastien, Maurice et sa légion, les héros de Sébaste, Artème, etc ; il y a des génies, des écrivains, des orateurs de premier ordre, comme Paul, Justin, Irénée, Cyprien ; des mères héroïques, comme Perpétue et Félicité ; de nobles vierges, comme Cécile et Agathe ; des esclaves comme Blandine ; des enfants comme Cyr, Agnès, Eulalie ; des vieillards, tels que Polycarpe et le vénérable évêque de Jérusalem Simon, qui meurt attaché à une croix à l'âge de cent vingt ans !...

La France aux jours de la Terreur et de la Commune, la Chine lors des récents massacres, ont enfanté des héros dignes des premiers siècles : c'étaient des évêques, des prêtres, des nobles, des paysans, des ouvriers. L'Église est

tions, pag. xiii. Voir les articles de M. Félix Vernet dans *l'Université catholique*, mars, mai, août 1896.

fière de montrer ses *martyrs nègres* de l'Ou-
ganda. Toutes les conditions, tous les âges,
tous les pays, s'unissent dans une même voix
pour affirmer les mêmes dogmes et confesser
le même Dieu Sauveur.

L'atrocité des tourments. Tout ce qu'une ima-
gination créatrice peut inventer de cruautés
dans la débauche de ses délires a été ici dépassé.
Les fouets, le glaive, les crocs de fer, les grils,
les taureaux d'airain incandescents, l'huile
bouillante, la poix enflammée, le fer et le feu :
les martyrs ont tout lassé. Leurs corps enduits
de résine ont servi de torches pour éclairer les
jardins des empereurs (1). On savait par des
raffinements inouis trouver le secret d'augmenter le supplice et de retarder la mort. Et
cependant les martyrs avaient soif de ces tourments, et, avec Ignace d'Antioche, ils auraient
regardé comme un grand malheur qu'on les eût
privés de cette âpre jouissance de souffrir !

L'extrême facilité d'éviter ces tourments.
Une parole, un signe, un mouvement des yeux

(1) Tacit., *Annal.* XV

ou des lèvres, une simple négation suffisait. Tout les y invite : supplications des amis, larmes des parents, honneurs assurés, voluptés déjà toutes prêtes. Un amour divin était seul capable de résister à toutes les amorces d'ici-bas.

La lutte particulièrement cruelle qu'ils avaient à livrer contre la chair et le sang. Les supplices du corps étaient légers à porter comparés à ceux du cœur. Il fallait meurtrir tout ce qu'il y a de doux en ce monde, les affections les plus pures, les tendresses les plus délicieuses, comme les plus légitimes : c'était une secousse universelle, un déchirement qui brisait la nature tout entière. Mais l'amour de Jésus était plus fort et plus doux, et des bras d'un enfant, des bras d'une épouse on volait à la mort !

L'attitude des martyrs. Elle arrache des cris d'admiration à leurs bourreaux. Leur constance est un héroïsme qui ne se dément pas un instant et qui est comme la fleur de toutes les vertus, humilité, douceur, charité, patience joyeuse et inaltérable. Tandis que leurs corps brûlent sur un gril ou dans une chaudière bouillante, leurs âmes tressaillent avec le Christ dans les cieux.

La sagesse de leurs réponses. Des femmes, des enfants, des ignorants déjouent les artifices et les subtilités des juges, confondent tout le savoir des philosophes.

Le divin est donc là. Les miracles l'attestent : la virginité d'Agnès est protégée par un ange, Agathe est guérie subitement, Lucie échappe aux outrages qu'on veut infliger à sa pudeur. Les miracles des martyrs sont plus nombreux peut-être et plus variés encore que leurs indicibles tourments.

Aucune cause humaine ne peut expliquer cet héroïsme. Ce n'est pas la gloire, car leur humilité est trop évidente et trop sincère. Leur supplice est un opprobre, ils meurent souvent accablés du mépris général.

Qu'attendraient-ils de l'avenir ? Multitude anonyme, ils savent très bien que leur nom n'arrivera pas à la postérité. Ce n'est pas leur patriotisme. Il est sans doute aussi ardent et aussi généreux que celui des autres citoyens, mais le service de la patrie ne demande pas ici leur sang. On les accuse, au contraire, de se montrer mauvais patriotes en refusant d'adorer les dieux de la nation.

Serait-ce le fanatisme ? Mais c'est là une obstination aveugle qui se nourrit d'ignorance et décline toute discussion. Nos martyrs ont une connaissance très nette de ce qu'ils affirment ; volontiers ils discutent avec leurs juges, ils font preuve d'une prudence à laquelle on ne peut résister. Le fanatisme est aveugle, orgueilleux, emporté : ici c'est la sagesse et l'humilité ; le fanatisme se défend par la violence, ici la douceur arrache les armes aux mains des vieux soldats, rend ces guerriers inoffensifs comme des agneaux. Le fanatisme ne réforme pas le monde, il n'a qu'une époque, il tombe avec l'enthousiasme des premières nouveautés, ou, s'il vit, c'est sans héroïsme. Le sentiment du martyre a régénéré les âmes, il a atteint toutes les classes de la société, par milliers, par millions, il a traversé les siècles, il persévère toujours, et à notre époque il fait encore des héros.

Un fait si extraordinaire suppose la certitude et l'évidence : il est impossible que tant d'hommes, en des circonstances, des lieux et des temps si divers, aient consenti à mourir pour une idée dont ils n'étaient pas absolument certains. Et, puisque aucun motif humain n'était capable de susciter ces énergies, il faut voir ici le surnaturel, c'est-à-dire, un miracle moral, que l'erreur ne pourra jamais contrefaire. Comme il n'est pas de marque plus forte de l'amour que de donner sa vie pour ses amis, il n'y a pas de témoignage plus convaincant de sa sincérité que de mourir pour les vérités que l'on croit.

Gloire donc à ces témoins de la foi ! Blandine a vaincu Marc-Aurèle, les martyrs ont vaincu le monde, ils ont prouvé que le Christ est Dieu, puisqu'il est celui que l'on adore, celui que l'on aime, celui pour qui l'on meurt !

X

JÉSUS-CHRIST OBJET DE HAINE ET D'AMOUR.

Voilà encore une preuve irréfutable de la divinité de notre religion. Pour les autres hommes la persécution, arrête à la tombe, et la haine qu'on leur portait expire sur leur cercueil. Voyez Hérode, Pilate, Caligula, Néron, et tous les grands scélérats qui versèrent le sang de l'humanité. Ils ont laissé une mémoire souillée, méprisée, ils ne laissent pas la haine après eux. Qui pense aujourd'hui à poursuivre Néron d'une vengeance toujours vivace et implacable ? C'est, au contraire, sur le tombeau du Christ que s'est acharnée la haine. S'il a eu des ennemis pendant sa vie, c'est surtout à partir de sa mort que commence contre lui la persécution la plus infernale, la plus passionnée qui fut jamais. Les Juifs et les païens s'uniront pour le maudire ; ne pouvant plus atteindre sa personne, on frappera ses disciples, ce sera pour le monde la plus belle, la plus agréable des fêtes quand on pourra faire tomber la tête d'un chrétien ! On en voudra à son nom, et le berceau du christianisme sera inondé de sang. L'ère lamentable des persécutions s'ouvre pour ne jamais se clore. Le sang de millions de martyrs ne suffit pas à éteindre cette soif maudite. On voit toujours des hommes tracassés, épiés, persécutés, chassés de leur patrie à cause du Christ. Le sang coule toujours en haine de son nom. Des hommes d'État sont portés au pouvoir pour gouverner contre lui, des savants sont couronnés pour avoir blasphémé contre sa doctrine. Jésus-Christ est donc le perpétuel persécuté.

Et pourquoi cela ? Serait-ce parce qu'il a fondé un culte nouveau ? Mais Confucius, Arius, Mahomet, Luther, ont été aussi patriarches de religions. Plusieurs d'entre eux ont courbé l'humanité sous le sabre et dans la boue, et cependant le monde aujourd'hui respecte leur tombeau. Jésus a passé en faisant le bien, en consolant toutes les infortunes, soulageant toutes les misères, et le voilà persécuté.

C'est une preuve qu'il est vivant et vainqueur. On ne s'acharne plus sur des cadavres. Hérode, Pilate, Néron, Mahomet, sont bien ensevelis pour toujours, la fosse ne s'est jamais rouverte sur eux. A quoi bon les haïr, pourquoi attaquer un peu de poussière ? Non, on ne poursuit plus les morts. Si donc la haine infernale s'amasse sans cesse autour du Christ, j'en conclus qu'il est aussi vivant qu'au matin de sa résurrection, qu'il est vainqueur du monde, qu'il est Dieu (1).

Lui-même avait prédit cette haine, et il avait prononcé deux paroles qui expliquent tout : Le monde me hait ; j'ai vaincu le monde. *Mundus me odit ; ego vici mundum.* Parce qu'il me hait, c'est une preuve que je l'ai vaincu.

Le monde vit d'orgueil, et chaque jour le Christ fait germer l'humilité sur la terre ; le monde est le grand égoïste, et Jésus fait épanouir la charité et le dévouement ; le monde

(1) « On nous attaque, donc nous sommes ! et si nous n'existions pas, on nous laisserait assurément tranquilles. » BRUNETIÈRE. *Les motifs d'espérer*, pag. 8.

adore la volupté, Jésus fait aimer la chasteté et la mortification. La virginité catholique, toujours vivante, toujours féconde, est le vrai triomphe du Christ ; on n'a jamais vu le monde faire des vierges d'esprit et de corps.

Le monde a pour devise l'orgueil et l'indépendance, Jésus fait régner l'esprit d'obéissance et de renoncement. Le monde est le vieil homme, le païen qui renaît, et Jésus fait vivre l'homme de la grâce, l'homme selon Dieu. Le monde peut essayer de se rajeunir, en s'appelant le progrès, la lumière : il n'effacera jamais le signe de vieillesse qu'il porte au front, et sous ce masque d'emprunt, nous rencontrons toujours en lui le vieux païen, le vieux corrompu, *vetus homo*. Il peut lancer contre le Christ son vain blasphème, comme le serpent broyé vomit son impuissant venin : il est vaincu !

Vainqueur parce qu'il a mérité la haine du monde, le Christ est vainqueur surtout parce qu'il a attiré à lui l'amour le plus pur. Il a fait un commandement incroyable, dont la pensée seule prouve la science et l'autorité d'un Dieu, car elle serait inexplicable de la part d'un homme mortel. Il a dit : Vous m'aimerez au-dessus de tout ce que vous avez de plus cher ! Vous n'aimerez rien ni personne plus que moi, rien ni personne autant que moi, rien ni personne malgré moi. L'amour ne s'impose pas, et si quelque législateur essayait de dire à tout un peuple : Vous m'aimerez ! il aurait provoqué aussitôt le mépris et l'indignation. Il n'y aura jamais de tyran de l'amour. Dieu seul peut imposer l'amour avec la certitude de l'obtenir. Le Christ l'a commandé, et il l'a obtenu, non pas l'amour flétri des corrompus et des révoltés, mais l'amour le plus exquis, le plus saint qui ait fait palpiter le cœur humain. L'amour des vierges, car d'innombrables phalanges ont immolé leur cœur sur celui de Jésus, et réservé leur front pour la chaste couronne de l'Agneau immaculé. L'amour des mères, qui ont abandonné leurs enfants pour le Christ ; l'amour des enfants qui ont résisté aux larmes maternelles pour aller à la mort sous l'étendard du Crucifié ; l'amour des époux qui ont renoncé volontairement aux jouissances de l'hyménée, afin d'être vierges comme le Christ !

Oui, le Christ est aimé ! Nous voyons chaque jour de purs adolescents, de nobles jeunes filles, qui avaient la jeunesse, la richesse, la beauté, dire adieu à toutes les séductions, pour aller avec le Christ, dans un cloître, sur la route de l'exil, peut-être sur le chemin du martyre ! Le monde est-il capable de provoquer de tels dévouements ? Qu'il attire à lui la beauté flétrie ou malsaine, c'est vrai, mais qu'il ait pour lui la beauté immaculée, l'amour virginal, qu'il persuade à des jeunes époux de rester vierges pour lui, monde, on ne l'a point vu. Et le Christ attire tout cela : il est celui qu'on aime, il est Dieu !

Il a partout des adorateurs passionnés. D'un bout à l'autre de l'univers, la naissance et la mort veulent s'abriter sous sa croix.

Chaque dimanche, dans l'univers entier, des multitudes se lèvent en son nom ; sur tous les points du globe des prêtres montent à l'autel pour l'adorer, et son culte n'est pas interrompu même un seul instant. Et, si vous demandez à toutes ces foules : Pourquoi êtes-vous réunies dans ces églises, pourquoi courez-vous à ces pèlerinages ? Et vous, prêtres : Pourquoi vous condamnez-vous au célibat, pourquoi offrez-vous chaque jour votre sacrifice ? Tous n'ont qu'une même voix, cri grandiose, qui a retenti dès les premiers siècles, qui traverse tous les âges, que rien jamais n'étouffera : *Amo Christum !* J'aime le Christ !

Dès que la civilisation étend ses conquêtes, le Christ aussi étend son royaume ; dès que la science enregistre une nouvelle découverte, le Christ s'en sert pour faire porter son nom jusqu'aux régions inconnues. Il n'est pas une invention moderne que la religion n'ait enrôlée sous son drapeau. Et, tandis que les hommes de science et les inventeurs disparaissent, le Christ demeure : il reste toujours celui qu'on adore, celui qu'on aime, celui pour qui l'on meurt. A ce signe nous reconnaissons qu'il est Dieu, et nous lui disons aussi : *Amo Christum* ! Nous aimons le Christ !

9 782376 642954